ΝΟΜΟΣ ΤΟΥ ΠΑΡΚΙΝΣΟΝ

ΒΑΣΙΚΕΣ ΠΛΗΡΟΦΟΡΙΕΣ

- **Όνομα:** Parkinson.

- **Χρήσεις:** δημόσια διαχείριση, διοίκηση, δημόσιες υπηρεσίες, διαχείριση ανθρώπινου δυναμικού.

- **Γιατί είναι επιτυχημένη;** Πρόκειται για μια χιουμοριστική, αλλά πολύ πειστική θεωρία σχετικά με την τάση της διοίκησης να αναπτύσσεται, ανεξάρτητα από το μέγεθος της απαιτούμενης εργασίας.

- **Λέξεις κλειδιά:** δημόσιος υπάλληλος, διοίκηση, χρόνος εργασίας, δημόσια διοίκηση, γραφειοκρατία.

ΕΙΣΑΓΩΓΗ

Καταρρίπτοντας τις παραδοσιακές αντιλήψεις για τον χρόνο εργασίας, ο νόμος του Πάρκινσον τονίζει με χιούμορ τη λειτουργία της γραφειοκρατικής διοίκησης στο δεύτερο μισό του 20ού αιώνα.

Γεμάτος βρετανικό χιούμορ, και από μια περίοδο κατά την οποία καταγγέλλονταν οι διεστραμμένες συνέπειες της γραφειοκρατίας (σκεφτείτε το διάσημο μυθιστόρημα *1984* του Τζορτζ Όργουελ, που εκδόθηκε το 1949), ο Cyril Northcote Parkinson (1909-1993), Βρετανός ιστορικός, δημοσίευσε ένα άρθρο που παρουσιάζει το νόμο του Parkinson το 1955.

ΝΟΜΟΣ ΤΟΥ ΠΑΡΚΙΝΣΟΝ

Διαχείριση χρόνου και αύξηση της παραγωγικότητας

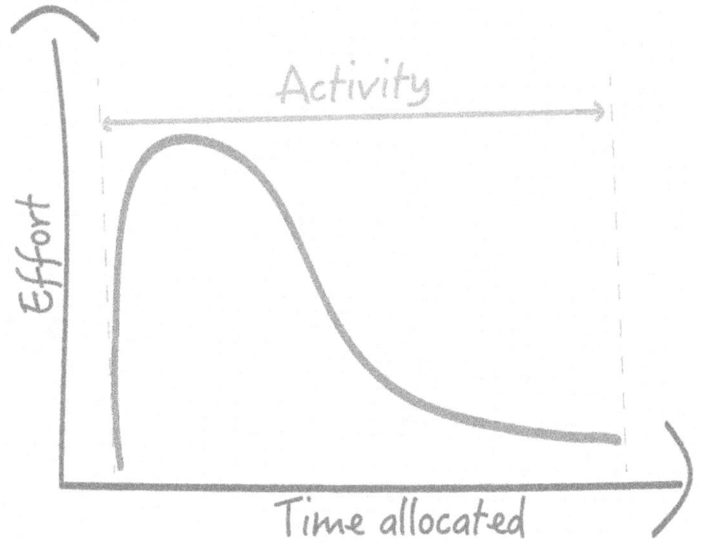

ΝΟΜΟΣ ΤΟΥ ΠΑΡΚΙΝΣΟΝ

Διαχείριση χρόνου και αύξηση της παραγωγικότητας

γραμμένο από Pierre Pichère
μεταφρασμένο από Lina Sideris

Ο νόμος αναφέρει ότι το ποσό του προσωπικού της δημόσιας διοίκησης αυξάνεται με δεδομένο ρυθμό (που παράγεται από έναν ευφάνταστο μαθηματικό τύπο), ανεξάρτητα από την ποσότητα της εργασίας που υπάρχει προς εκτέλεση.

 ΟΡΙΣΜΟΣ ΤΗΣ ΕΝΝΟΙΑΣ

Ο νόμος του Πάρκινσον βασίζεται σε τρεις δηλώσεις:

ένα άτομο που έχει μια δουλειά να κάνει θα χρησιμοποιήσει όλο το διαθέσιμο χρόνο για να την ολοκληρώσει,

οι εργαζόμενοι προτιμούν πάντα να έχουν έναν υφιστάμενο παρά έναν αντίπαλο,

οι εργαζόμενοι δημιουργούν αμοιβαία έργο.

Αυτές οι τρεις δηλώσεις εξηγούν τη φυσική τάση για αύξηση του αριθμού των μελών του προσωπικού. Αν και είναι σε μεγάλο βαθμό χιουμοριστικός, ο νόμος του Πάρκινσον έχει το πλεονέκτημα ότι εξηγεί με κατανοητό τρόπο την ανάπτυξη της γραφειοκρατίας.

ΘΕΩΡΙΑ

Το κράτος παρέχει καθήκοντα για τις δημόσιες εξουσίες (δικαιοσύνη, αστυνομία, διπλωματία κ.λπ.). Εκτός από αυτή την ιστορική λειτουργία, καθ᾽ όλη τη διάρκεια του 20ού αιώνα αναπτύχθηκαν κοινωνικές παροχές για την παροχή εκπαίδευσης, υγειονομικής περίθαλψης, υγειονομικής κάλυψης και συντάξεων. Αν και αυτή η δεύτερη διάσταση λειτουργεί διαφορετικά από το ένα έθνος στο άλλο, συναντάται παντού σε όλη την Ευρώπη γνωστή ως «κράτος πρόνοιας».

Για τη λειτουργία αυτής της τεράστιας επιχείρησης απαιτούνται πράκτορες, οι οποίοι ονομάζονται δημόσιοι υπάλληλοι. Στη Γαλλία, για παράδειγμα, πρόκειται για τα μέλη των τριών δημόσιων υπηρεσιών (κρατική, νοσοκομειακή και εδαφική), αλλά γενικότερα αναφέρεται, με μη νομική έννοια, στους δημόσιους υπαλλήλους. Η απόχρωση αυτή είναι απαραίτητη για την κατανόηση του πεδίου εφαρμογής του νόμου του Πάρκινσον, που δημιουργήθηκε από έναν Βρετανό συγγραφέα, καθώς ο όρος «δημόσιος υπάλληλος» νοείται διαφορετικά σε άλλες χώρες.

ΠΡΟΣΩΠΙΚΟ ΤΩΝ ΤΡΙΩΝ ΔΗΜΟΣΙΩΝ ΥΠΗΡΕΣΙΩΝ ΤΗΣ ΓΑΛΛΙΑΣ

Το 2013, η Γαλλία απασχολούσε 2,3 εκατομμύρια δημόσιους υπαλλήλους, 1,14 εκατομμύρια νοσοκομειακούς υπαλλήλους και 1,8 εκατομμύρια εδαφικούς υπαλλήλους, δηλαδή συνολικά 5,24 εκατομμύρια άτομα. Τα στοιχεία αυτά περιλαμβάνουν τους ιδιοκτήτες και τους εργολάβους.

Υιοθετώντας μια οικονομική προσέγγιση, πρέπει να συμπεριλάβουμε και τους εργαζόμενους των ιδιωτικών δομών που χρηματοδοτούνται από το δημόσιο για τις δημόσιες υπηρεσίες. Το σύνολο ανέρχεται τότε σε περίπου 6 εκατομμύρια άτομα, που αντιστοιχεί περίπου στο 25% της μισθωτής απασχόλησης στη Γαλλία.

Ενστικτωδώς, η λογική υπαγορεύει στις δημόσιες αρχές να προσλαμβάνουν υπαλλήλους για τα καθήκοντα που προτίθενται να τους αναθέσουν. Λογικά, η αύξηση του αριθμού των υπαλλήλων θα πρέπει να αντιστοιχεί σε αύξηση του πεδίου δράσης της εν λόγω δημόσιας αρχής. Ο νόμος του Πάρκινσον δημιουργήθηκε για να αντιμετωπίσει αυτή την ιδέα.

Στο άρθρο που δημοσίευσε το 1955 στο διάσημο περιοδικό *The Economist,* ο Cyril Northcote Parkinson κατασκεύασε το ακριβώς αντίθετο σκεπτικό. Σύμφωνα με τον ίδιο, η αύξηση του αριθμού των δημοσίων υπαλλήλων είναι περίπου 5,7% κάθε χρόνο, ανεξάρτητα από τον όγκο εργασίας που δίνεται στα μέλη του προσωπικού.

Η επιχειρηματολογία του Πάρκινσον εναλλάσσεται μεταξύ σοβαρών δεδομένων και μιας εμφανής επιθυμίας να διασκεδάσει τον αναγνώστη. Στον πρόλογο που έγραψε για τη γαλλική έκδοση ενός βιβλίου για τον νόμο του Πάρκινσον, που εκδόθηκε στις αρχές της δεκαετίας του 1980, ο μεγάλος οικονομολόγος και δημογράφος Alfred Sauvy (1898-1990) αναφέρει επίσης τον Raymond Devos (Γάλλος χιουμορίστας, 1922-2006) και τον Jacques Tati (Γάλλος σεναριογράφος και ηθοποιός, 1907-1982) με μεγαλύτερη προθυμία από τους Βρετανούς κλασικούς οικονομολόγους Adam Smith (1723-1790) και David Ricardo (1772-1823) και κατατάσσει τον

Πάρκινσον στους μεγαλύτερους φαντασιόπληκτους της εποχής. Ωστόσο, η φαντασία αυτή αποτελεί περισσότερο επίδειξη του βρετανικού χιούμορ παρά το ίδιο το συμπέρασμα και έχει γίνει κλασική αναφορά στη δημόσια διοίκηση.

Ως αφετηρία του συλλογισμού του, ο Cyril Northcote Parkinson επισημαίνει ότι όσο περισσότερο χρόνο έχει ένα άτομο για να εκτελέσει μια εργασία, τόσο περισσότερο χρόνο θα του πάρει η εργασία για να την ολοκληρώσει. Το καταδεικνύει αυτό με το παράδειγμα μιας ηλικιωμένης γυναίκας και ενός νεαρού άνδρα που πρέπει να στείλουν ο καθένας από μια καρτ ποστάλ. Η επιλογή της κάρτας, η συγγραφή του κειμένου, η σφράγιση της κάρτας και η ταχυδρόμηση της κάρτας: όλες αυτές οι εργασίες θα διαρκέσουν σίγουρα μια ολόκληρη ημέρα για το άτομο που δεν έχει τίποτε άλλο να κάνει με την ημέρα του, παρόλο που η εργασία δεν θα διαρκέσει περισσότερο από μισή ώρα για ένα πολύ απασχολημένο άτομο. Επομένως, δεν υπάρχει συσχέτιση μεταξύ του όγκου των απαιτούμενων εργασιών και του προσωπικού που επιλέγεται για την εκτέλεση των εργασιών: αυτή είναι η αρχή της αποτελεσματικότητας.

Ο νόμος του Πάρκινσον βασίζεται σε δύο άλλες δηλώσεις:

- **Οι κρατικοί υπάλληλοι προτιμούν πάντα να έχουν έναν υφιστάμενο παρά έναν αντίπαλο.** Η δήλωση αυτή αποδεικνύεται στο άρθρο του Πάρκινσον. Εάν ένας δημόσιος υπάλληλος πιστεύει - δικαίως ή αδίκως - ότι έχει πάρα πολλή δουλειά, υπάρχουν τρεις επιλογές:

  ○ να εγκαταλείψει τη θέση του,

  ○ να ζητήσει να προσληφθεί άλλος υπάλληλος,

  ○ ζητήστε έναν υφιστάμενο.

Για λόγους που σχετίζονται με την καριέρα του και τις πιθανές προαγωγές του, θα προτιμήσει έναν υφιστάμενο παρά έναν συνάδελφο που θα θεωρηθεί αντίπαλος. Επίσης, για να διασφαλίσει ότι δεν θα προκύψει αντιπαλότητα μεταξύ αυτού και του υφισταμένου του, θα προτιμήσει να προσλάβει δύο υφισταμένους. Το ίδιο πρόβλημα θα προκύψει λίγα χρόνια αργότερα και με τους δύο αυτούς νεοπροσληφθέντες, οπότε σε σύντομο χρονικό διάστημα θα εργάζονται εκεί πέντε άτομα, αντί για ένα μόνο άτομο που εργαζόταν εκεί λίγο πριν.

- **Οι δημόσιοι υπάλληλοι δημιουργούν αμοιβαία έργο.** Η αύξηση του προσωπικού οδηγεί σε βαρύτερες γραφειοκρατικές διαδικασίες, δικαιολογώντας αργότερα την απόφαση για πρόσληψη. Εάν ο υπάλληλος έχει πολλή δουλειά μετά την πρόσληψη δύο υφισταμένων, πρέπει να είχε υπερφορτωθεί προηγουμένως. Όμως, σύμφωνα με τον Parkinson, ένα σημαντικό μέρος του φόρτου εργασίας του προέρχεται από τους νεοπροσληφθέντες, καθώς υπάρχουν πλέον πολλά περισσότερα στάδια επικύρωσης.

Από αυτές τις δύο τάσεις, ο Πάρκινσον διαμόρφωσε τον νόμο στον οποίο έδωσε το όνομά του και τον οποίο εκφράζει με έναν μαθηματικό τύπο:

$$(2k^m + l) / n$$

- *Το k* αντιπροσωπεύει τον αριθμό των εργαζομένων που επιδιώκουν την ανέλιξη διορίζοντας υφισταμένους για να τους βοηθήσουν,
- *l* αντιπροσωπεύει τη διαφορά μεταξύ της ηλικίας διορισμού και της ηλικίας συνταξιοδότησης,

- *m* αντιπροσωπεύει τον αριθμό των ωρών που αφιερώνονται για την απάντηση σημειωμάτων εντός του τμήματος,

- *Το n* αντιπροσωπεύει τον αριθμό των νέων εργαζομένων που απαιτούνται κάθε χρόνο.

Για να βρεθεί ο ρυθμός αύξησης, το προϊόν πολλαπλασιάζεται επί 100 και στη συνέχεια διαιρείται με το σύνολο του προηγούμενου έτους (σημειώνεται *yn*), το οποίο δίνει:

$$100(2k^m + p) / yn$$

Ο νόμος του Πάρκινσον ορίζει ότι το ποσοστό αυτό κυμαίνεται μεταξύ 5,17% και 6,56%, ανεξάρτητα από οποιαδήποτε μεταβολή στην ποσότητα της εργασίας.

ΠΕΡΙΟΡΙΣΜΟΙ ΚΑΙ ΕΠΕΚΤΑΣΕΙΣ

Ποιο είναι το πεδίο εφαρμογής του νόμου του Πάρκινσον; Η επιστημονική εμφάνιση της θεωρίας επιτείνει τον προκλητικό της χαρακτήρα. Ωστόσο, παρόλο που έχει ως στόχο να είναι χιουμοριστική, εξακολουθεί να χρησιμοποιείται σε προβληματισμούς σχετικά με τη γραφειοκρατία και τις αρνητικές επιπτώσεις της.

ΠΕΡΙΟΡΙΣΜΟΙ ΚΑΙ ΚΡΙΤΙΚΕΣ

Ποσοτικός προσδιορισμός και ρυθμός ανάπτυξης

Η μεθοδολογική αδυναμία του νόμου που δημιούργησε ο Πάρκινσον είναι εύκολο να εντοπιστεί, καθώς οι περισσότερες τιμές της εξίσωσης δεν μπορούν να προσδιοριστούν. Πώς μπορούμε στην πραγματικότητα να ποσοτικοποιήσουμε τους δημόσιους υπαλλήλους που επιδιώκουν προαγωγές; Αυτό θα απαιτούσε ένα εργαλείο ανάγνωσης του μυαλού, το οποίο το κράτος δεν διαθέτει ακόμη αρκετά. Ομοίως, η μέτρηση του αριθμού των ωρών που δαπανήθηκαν για την απάντηση υπομνημάτων είναι μια ωραία σκέψη, αλλά θα σήμαινε διαλογή μεταξύ χρήσιμων και παραγωγικών απαντήσεων και εκείνων που η δημόσια υπηρεσία θα μπορούσε να κάνει χωρίς αυτές.

Το αποτέλεσμα της εξίσωσης, δηλαδή ένας ρυθμός ανάπτυξης μεταξύ 5,17% και 6,56%, δεν θα πρέπει επομένως να λαμβάνεται τοις μετρητοίς. Σε ένα άρθρο που δημοσιεύτηκε περίπου 20 χρόνια μετά την εισαγωγή του νόμου του, ο Parkinson προσπάθησε να δείξει ότι αυτός λειτουργεί. Μελετώντας το προσωπικό της βρετανικής δημόσιας διοίκησης, αναγνώρισε ο ίδιος την αδυναμία της στατιστικής βάσης πάνω στην οποία είχε κατασκευάσει τη συλλογιστική του. Παρ' όλα αυτά, κατέληξε στο συμπέρασμα της εγκυρότητας του νόμου αναλύοντας το προσωπικό ορισμένων βρετανικών αρχών, ιδίως του Υπουργείου Άμυνας. Ωστόσο, το άρθρο αυτό είχε και πάλι μια έντονη σατιρική διάσταση, ενθαρρύνοντας τον κόσμο να γελάσει με αυτό.

Θα πρέπει, επομένως, να διατηρήσουμε πάνω απ' όλα τη λογική του νόμου του Πάρκινσον, χωρίς να εστιάζουμε υπερβολικά στον μαθηματικό τύπο, του οποίου η πρόθεση είναι μάλλον περισσότερο χιουμοριστική παρά επιστημονική. Επομένως, ας δούμε τα κύρια πράγματα που μπορούμε να μάθουμε από τον Πάρκινσον:

- Ο χρόνος εκτέλεσης μιας εργασίας τείνει να φτάσει τον πραγματικό διαθέσιμο χρόνο για την ολοκλήρωση της εργασίας.

- Σε ένα γραφειοκρατικό σύστημα, το εργατικό δυναμικό τείνει να αυξάνεται με ταχείς ρυθμούς, λόγω των στρατηγικών εξέλιξης των υφιστάμενων υπαλλήλων, αλλά και λόγω του μεγαλύτερου αριθμού διαδικασιών που δικαιολογούν την αύξηση του αριθμού των ατόμων που συνδέονται με ένα έργο. Αυτή η ώθηση προς την αύξηση του αριθμού των δημοσίων υπαλλήλων οδηγεί σε οικονομικό αδιέξοδο. Στην πραγματικότητα, οι θέσεις αυτές χρηματοδοτούνται από υποχρεωτικές άμεσες χρεώσεις, οι οποίες, ως εκ τούτου, ακολουθούν μια ανοδική τάση, φτάνοντας σε ένα όριο που ασφυκτιά στο οικονομικό σύστημα.

Ο νόμος του Πάρκινσον δεν θα μπορούσε να εφαρμοστεί σε μια εταιρεία που ακολουθεί περιορισμούς στην παραγωγικότητα και αυξάνει τη διακύμανση της απασχόλησης. Αντιθέτως, η εταιρεία αυτή θα τείνει να μειώσει το εργατικό δυναμικό της παρά να το αυξήσει. Αν και στην πραγματικότητα, ο νόμος του Πάρκινσον δεν ανταποκρίνεται στις τεχνικές της διαχείρισης και των ανθρώπινων πόρων. Οι τεχνικές αυτές λειτουργούν για την παρακίνηση των ομάδων με σκοπό την αύξηση της παραγωγικότητας και συνεπώς καταπολεμούν την τάση αύξησης του χρόνου που απαιτείται για την ολοκλήρωση μιας συγκεκριμένης εργασίας.

ΣΧΕΤΙΚΑ ΜΟΝΤΕΛΑ ΚΑΙ ΕΠΕΚΤΑΣΕΙΣ

Ο νόμος του Πάρκινσον είναι διάσημος ακόμη και σήμερα. Επομένως, μπορούμε να προσεγγίσουμε άλλους νόμους ή αρχές που, για κάποιους, χρησιμοποιούν σύγχρονη ορολογία και των οποίων οι υποθέσεις επικαλούνται αυτές που έκανε ο Πάρκινσον.

- Το 1970, ο **Laurence J. Peter** (Καναδός εκπαιδευτικός, γεννημένος το 1941) διατύπωσε την αρχή στην οποία έδωσε το όνομά του, την Αρχή Peter. Όταν ικανοί υπάλληλοι προάγονται σε υψηλότερη θέση, πάντα θα έρθει η στιγμή που οι θέσεις σε μια εταιρεία (ιδίως σε επίπεδο διοίκησης) θα στελεχωθούν από ανίκανους υπαλλήλους. Η αρχή αυτή είναι παρόμοια με τον νόμο του Πάρκινσον, καθώς αφορά την προαγωγή των δημοσίων υπαλλήλων.

- Το 1975, ο **Frederick Brooks** (μηχανικός υπολογιστών και καθηγητής πανεπιστημίου, γεννημένος το 1931) δημοσίευσε ένα βιβλίο με τίτλο *The Mythical Man-Month*. Εξηγεί πώς η προσθήκη προσωπικού σε ένα έργο που έχει ήδη καθυστερήσει θα αυξήσει μόνο την τελική καθυστέρηση. Επικρίνει τη μονάδα μέτρησης που χρησιμοποιείται συχνά στη διαχείριση έργων, αυτή των ανθρωπομηνών, δηλαδή την ποσότητα εργασίας που εκτελεί ένα άτομο σε ένα μήνα. Ωστόσο, ο όγκος αυτός εξαρτάται σε μεγάλο βαθμό από τη γενική οργάνωση του έργου, τις συνθήκες εργασίας κ.λπ. Το συμπέρασμα αυτό έχει κοινό έδαφος με την εξήγηση του Πάρκινσον σχετικά με την επέκταση της εργασίας ώστε να γεμίσει ο διαθέσιμος χρόνος για την ολοκλήρωσή της. Η προσέγγιση αυτή έχει επίσης συγκριθεί με ορισμένους από τους νόμους για τη διαστολή των αερίων, αλλά αυτός ο παραλληλισμός είναι περισσότερο σύγκριση παρά ομοιότητα.

- Θεωρώντας τον Πάρκινσον ως συγγραφέα για κάτι μεταξύ χιούμορ και οικονομίας, είναι επίσης δυνατό να τον συγκρίνουμε με τον **Auguste Detoeuf** (βιομήχανος και συγγραφέας, 1883-1947). Ήταν ο συγγραφέας πολλών συλλογών ρητών και σκέψεων και είχε σπουδάσει στην École Polytechnique, ενώ στη συνέχεια ίδρυσε την εταιρεία *Alsthom*. Τα κείμενά του είναι γεμάτα από προβληματισμούς από τον επιχειρηματικό κόσμο, με αρκετές αναφορές στον χρόνο και στην καλύτερη αξιοποίησή του. Αυτές οι χιουμοριστικές σκέψεις είναι συχνά παρόμοιες με την προσέγγιση του **νόμου** του Πάρκινσον σχετικά με την επέκταση του χρόνου που απαιτείται για την εκτέλεση μιας συγκεκριμένης εργασίας.

Στον κόσμο των κοινωνικών επιστημών, από τις αρχές του 20ού αιώνα, αρκετοί συγγραφείς έχουν μελετήσει τις επιπτώσεις της γραφειοκρατίας, δημοσιεύοντας ευρήματα που είναι παρόμοια με αυτά που διαπίστωσε ο Cyril Northcote Parkinson. Τρεις από αυτούς αξίζει να αναφερθούν εδώ.

- Σύμφωνα με τον **Μαξ Βέμπερ** (Γερμανός κοινωνιολόγος, 1864-1920), η άνοδος του καπιταλισμού οδηγεί σε έναν νέο τύπο εξουσίας. Ενώ οι φεουδαρχικές κοινωνίες που βασίζονται στην προσωπική εξουσία και τα δεσποτικά καθεστώτα (όπως ο Βοναπαρτισμός) βασίζονται στη χαρισματική εξουσία, ο καπιταλισμός δημιουργεί υπακοή στον κανόνα, τη λεγόμενη ορθολογική εξουσία. Ένα άτομο έχει τον έλεγχο ανάλογα με τη θέση που κατέχει στην ιεραρχία και τις εξουσίες που συνδέονται με αυτή τη θέση. Στη συνέχεια εμφανίστηκε ο όρος «γραφειοκρατία», ο οποίος χρησιμοποιήθηκε από τον Max Weber, χωρίς υποτιμητική χροιά, για να περιγράψει τον αυξανόμενο ρόλο της κρατικής διοίκησης και των εταιρειών στις σύγχρονες κοινωνίες. Αντίθετα, θεωρεί ότι η γραφειοκρατία είναι η πιο επιτυχημένη κοινωνική μορφή, καθώς βασίζεται στην κυριαρχία του νόμου και βοηθάει όσους ασχολούνται με τα καθήκοντα να επιβιώσουν.

- Η προσέγγιση του **Ludwig van Mises** (Αυστριακός-Αμερικανός οικονομολόγος, 1881-1973) είναι πολύ πιο κριτική. Το 1944 κατήγγειλε, στο βιβλίο του *Η γραφειοκρατία*, το αυξανόμενο βάρος των δημόσιων διοικήσεων στις σύγχρονες οικονομίες και το εμπόδιο που αυτές αποτελούν για την ανάπτυξη της οικονομικής δραστηριότητας. Το κείμενο αυτό μπορεί να ενέπνευσε τον Parkinson, ο οποίος, ισχυριζόμενος ότι ανέπτυξε έναν κανόνα που εξηγεί τον ρυθμό αύξησης του αριθμού των δημοσίων υπαλλήλων, ανησυχούσε για μια εποχή που η κατηγορία αυτή θα αντιπροσώπευε το σύνολο του εργατικού δυναμικού.

- Μέσα από αυτές τις έρευνες, ο Γάλλος κοινωνιολόγος **Michel Crozier** (1922-2013) κατέδειξε πώς οι υπάλληλοι ενός γραφειοκρατικού συστήματος απελευθερώνονται σταδιακά από τους κανόνες για να αναπτύξουν χώρο για ελευθερία. Αυτή η έρευνα μπορεί να εξηγήσει γιατί οι υπάλληλοι μεγάλων οργανισμών θα χρειάζονται όλο και περισσότερο χρόνο για να ολοκληρώσουν την εργασία τους, δημιουργώντας έτσι τις προϋποθέσεις για την πρόσληψη νέων υπαλλήλων, όπως περιγράφει ο Parkinson.

Από τη δεκαετία του 1970, η θεωρία της νέας δημόσιας διοίκησης ασχολήθηκε με τη διαχείριση της δημόσιας διοίκησης, αναζητώντας μεθόδους εκσυγχρονισμού εμπνευσμένες σε μεγάλο βαθμό από τη διαχείριση των ιδιωτικών επιχειρήσεων. Η αντιμετώπιση των χρηστών ως πελατών απαιτεί την ανάπτυξη αποτελεσματικών οργανισμών που διανέμουν τις υπηρεσίες, καθώς η κεντρική κυβέρνηση θέτει απλώς τις κατευθυντήριες γραμμές. Η προσέγγιση αυτή, ευρέως αποδεκτή αλλά και συχνά επικριτική, προσπαθεί να ξεπεράσει τη γραφειοκρατία και τις ιδιαιτερότητές της.

ΠΡΑΚΤΙΚΗ ΕΦΑΡΜΟΓΗ

Είτε πρόκειται για μεγάλες ιδιωτικές εταιρείες είτε για δημόσιες διοικήσεις, οι διευθυντές προσπαθούν να δημιουργήσουν εργαλεία για να καταπολεμήσουν τις βασικές τάσεις που εντοπίζει ο Πάρκινσον.

Ωστόσο, στη δημόσια διοίκηση τα μέσα αυτά είναι συχνά πιο περιορισμένα από ό,τι στον ιδιωτικό τομέα. Οι κανονισμοί υπηρεσιακής κατάστασης περιορίζουν τις ιεραρχικές εξουσίες: μπορούν να απολυθούν μόνο σε εξαιρετικές περιπτώσεις και ο καθορισμός των μισθών σπάνια λαμβάνει υπόψη τα αντικειμενικά στοιχεία της απόδοσης. Σε όλες τις δυτικές χώρες, οι πρόσφατες εξελίξεις έχουν οδηγήσει σε βελτίωση της αποτελεσματικότητας της δημόσιας διοίκησης, με τους εξής στόχους

- να ελέγχουν στενότερα τους υπαλλήλους και να περιορίζουν έτσι το αποτέλεσμα της επέκτασης του χρόνου εργασίας,

- απλούστευση των διοικητικών διαδικασιών με την αντιμετώπιση των γραφειοκρατικών τάσεων,

- τέλος, τον περιορισμό της αύξησης του εργατικού δυναμικού στις δημόσιες υπηρεσίες, συμπεριλαμβανομένης της προσπάθειας μείωσης του αριθμού των δημοσίων υπαλλήλων, πηγαίνοντας κόντρα στις προβλέψεις του Πάρκινσον για την αναπόφευκτη αύξηση του αριθμού των κρατικών υπαλλήλων με δεδομένη ταχύτητα.

ΣΥΜΒΟΥΛΕΣ ΚΑΙ ΚΟΡΥΦΑΙΕΣ ΣΥΜΒΟΥΛΕΣ

Διαχείριση στόχων

Πολλές χώρες έχουν εφαρμόσει τη διαχείριση βάσει στόχων. Μέχρι τις αρχές της δεκαετίας του 1990, οι εθνικοί προϋπολογισμοί σπάνια περιλάμβαναν τη σύνδεση μεταξύ στόχων και μέσων. Στα περισσότερα κράτη μέλη του ΟΟΣΑ (Οργανισμός Οικονομικής Συνεργασίας και Ανάπτυξης), οι διαδικασίες αυτές αναπτύχθηκαν σταδιακά. Στη Γαλλία, για παράδειγμα, ο οργανικός νόμος σχετικά με τους δημοσιονομικούς νόμους (LOLF), που εγκρίθηκε το 2001 και τέθηκε σε ισχύ το 2006, αποτελεί μέρος αυτής της κίνησης. Σχεδιάζει τους εθνικούς προϋπολογισμούς ανά πρόγραμμα, με ενισχυμένη ικανότητα ελέγχου της απόδοσής τους. Είναι επομένως σχεδιασμένος να κατανέμει τους πόρους για την επίτευξη των στόχων που έχουν τεθεί από τις δημόσιες αρχές, υπό το άγρυπνο μάτι του Κοινοβουλίου. Οι νέες αυτές διαδικασίες τείνουν να οργανώσουν καλύτερα την εργασία της δημόσιας διοίκησης και των υπαλλήλων της και, ως εκ τούτου, να καταπολεμήσουν τις αρνητικές επιπτώσεις της γραφειοκρατίας, όπως αναλύονται από τον Parkinson. Είναι απαραίτητο να καθοριστεί ένας περιορισμένος αριθμός σαφών στόχων, ώστε να μην αντιφάσκουν μεταξύ τους.

Ανάπτυξη κινήτρων και ελέγχων

Για την υποστήριξη αυτής της διαχείρισης μέσω στόχων σε εθνικό επίπεδο, η συμμετοχή των δημόσιων λειτουργών αποτέλεσε αντικείμενο πολλών πειραμάτων. Η ενθάρρυνση των εργαζομένων να είναι πιο αποτελεσματικοί και η ενίσχυση των ελέγχων είναι οι δύο όψεις του ίδιου ερωτήματος: πώς μπορεί να βελτιωθεί η παραγωγικότητα των δημόσιων υπηρεσιών;

Η Δανία, για παράδειγμα, έχει αναπτύξει ένα σύστημα συμβατικών αμοιβών για τους δημόσιους υπαλλήλους, με στόχο το μερίδιο των αμοιβών που σχετίζονται με την απόδοση να φτάσει το 20% του μισθού. Η αξιολόγηση αυτή πραγματοποιείται μέσω διαλόγου μεταξύ του υπαλλήλου και του προϊσταμένου, υπό την εποπτεία ενός συνδικαλιστικού εκπροσώπου. Μια πρόσφατη επαναξιολόγηση αυτής της πολιτικής που καθιερώθηκε πριν από 20 χρόνια δείχνει μεγαλύτερη αποδοχή των στόχων απόδοσης όταν μέρος του μισθού εξαρτάται από αυτούς, δεδομένου ότι ο υπάλληλος κατανοεί και οικειοποιείται τους δείκτες και τις μεθόδους αξιολόγησης. Άλλες χώρες έχουν επιλέξει να αναπτύξουν τους μισθούς των δημόσιων διευθυντών, εκείνων που διοικούν υπηρεσίες και οργανισμούς και οι οποίοι λαμβάνουν μπόνους ή προαγωγές με βάση την επιτυχία των ομάδων τους.

Εξακολουθεί να υπάρχει ανάγκη ανάπτυξης σχετικών δεικτών επιδόσεων. Πρέπει να ανταποκρίνονται στους στόχους της δημόσιας υπηρεσίας, χωρίς να είναι καθαρά μετρήσιμοι. Θα ήταν δύσκολο να μετρηθεί η απόδοση ενός αστυνομικού με βάση τον αριθμό των εκδοθεισών κλήσεων ή των συλλήψεων. Πώς μπορεί όμως να αξιολογηθεί το έργο του στην πρόληψη του εγκλήματος; Πώς μπορούμε να μετρήσουμε γεγονότα που δεν συνέβησαν; Επιπλέον, σε όλους τους τομείς, ιδιωτικούς ή δημόσιους, κάθε αξιολόγηση ενέχει τον κίνδυνο της υπεξαίρεσης από τους υποκείμενους σε αυτήν. Οι συμμετέχοντες θα υιοθετήσουν συμπεριφορές που ενδέχεται να βελτιώσουν τους δείκτες, εις βάρος άλλων πτυχών της εργασίας τους που είναι εξίσου ουσιαστικές αλλά λιγότερο εύκολα μετρήσιμες με δείκτες. Ο καθορισμός μέτρων απόδοσης, για τον σταδιακό έλεγχο της απόδοσης σύμφωνα με τους καθορισμένους στόχους, απαιτεί σύνεση και προσεκτική εξέταση.

Τέλος, τα κίνητρα και οι έλεγχοι μπορεί να δυσχεραίνονται από το καθεστώς της δημόσιας υπηρεσίας. Στις χώρες με συστήματα σταδιοδρομίας, η αμετακίνητη θέση των δημοσίων υπαλλήλων που διορίζονται σε θεσμοθετημένες θέσεις μπορεί να εμποδίσει τη δημιουργία μιας πραγματικής δομής ατομικών και συλλογικών κινήτρων.

⊙ ΣΥΣΤΗΜΑΤΑ ΣΤΑΔΙΟΔΡΟΜΙΑΣ ΚΑΙ ΣΥΣΤΗΜΑΤΑ ΘΕΣΕΩΝ

Υπάρχουν δύο τύποι οργάνωσης στις δημόσιες υπηρεσίες.

Στα συστήματα σταδιοδρομίας, οι υπάλληλοι εντάσσονται στη δημόσια διοίκηση μετά από εξετάσεις ή διαγωνισμό. Υπάγονται σε μια ιεραρχική οργάνωση, όπου η πρόοδος συνδέεται με τα μόρια που αποκτώνται από την αρχαιότητα και τη βαθμολογία. Η εργασιακή ασφάλεια είναι γενικά εγγυημένη.

Αντίθετα, τα συστήματα θέσεων απαιτούν ένα άτομο που θεωρείται ότι έχει τα περισσότερα προσόντα για μια λειτουργία, ακόμη και αν αυτή δεν ανήκει στις δημόσιες υπηρεσίες. Πιο ευέλικτο, το σύστημα αυτό είναι πιο κοντά στην ιδιωτική αγορά εργασίας.

Σημειώστε ότι στη Γαλλία, τα δύο συστήματα συνυπάρχουν. Η δημόσια διοίκηση εμπίπτει στο σύστημα σταδιοδρομίας, ενώ τα τοπικά συμβούλια λειτουργούν περισσότερο σαν την ιδιωτική αγορά εργασίας, με υπαλλήλους αλλά και με υπαλλήλους από το εξωτερικό για την κάλυψη ορισμένων θέσεων με σύμβαση ορισμένου χρόνου.

Downsizing

Ο νόμος του Πάρκινσον δημιουργήθηκε τη δεκαετία του 1950, μια περίοδο ισχυρής ανάπτυξης σε σχετικά κλειστές οικονομίες, όπου ούτε το βάρος των δημόσιων δαπανών ούτε ο ανταγωνισμός μεταξύ των φορολογικών συστημάτων αποτελούσαν ακόμη αιτία για συζήτηση. Από τότε η κατάσταση έχει αλλάξει. Οι δημόσιοι προϋπολογισμοί, ιδίως μετά τη χρηματοπιστωτική κρίση του 2008, έχουν περιοριστεί- τα ευρωπαϊκά κράτη θέλουν να ελέγξουν τις δαπάνες. Σημαντικά μέτρα σταθεροποίησης, ακόμη και μειώσεις του δημόσιου εργατικού δυναμικού, δρομολογήθηκαν από τις αρχές της δεκαετίας του 1990. Τα στοιχεία του ΟΟΣΑ δείχνουν μια σχετική σταθερότητα στον αριθμό των υπαλλήλων στα περισσότερα κράτη μέλη του οργανισμού αυτού μεταξύ 1991 και 2001. Μόνο το Λουξεμβούργο παρουσιάζει μέση αύξηση 4% ετησίως. Η Γαλλία δεν συμμετείχε στην παρούσα έρευνα.

Έχουν εφαρμοστεί διάφορες στρατηγικές:

- Οι ιδιωτικοποιήσεις που πραγματοποιήθηκαν από τη δεκαετία του 1990 σε πολλές χώρες οδήγησαν σε αλλαγή του καθεστώτος των δημοσίων υπαλλήλων ή των νεοπροσληφθέντων. Αυτή η μείωση της κρατικής παρέμβασης παρατηρήθηκε στη Γαλλία, για παράδειγμα, με την ιδιωτικοποίηση μεγάλων εταιρειών όπως η France Telecom. Οι υπάλληλοι του Υπουργείου Ταχυδρομείων και Τηλεπικοινωνιών αντικατεστάθηκαν σταδιακά από ιδιωτικούς υπαλλήλους της εταιρείας France Telecom (σήμερα Orange) και το κράτος κατέχει πλέον μόνο ένα μικρό μερίδιο του κεφαλαίου.

- Πολλές χώρες προσπαθούν εδώ και αρκετά χρόνια να περιορίσουν το δημόσιο εργατικό δυναμικό. Οι πολιτικές για τη μη αντικατάσταση των υπαλλήλων, τη συνταξιοδότηση και τις προσλήψεις έχουν οδηγήσει σε στασιμότητα ή ακόμη και σε ελαφρά μείωση του αριθμού των δημοσίων υπαλλήλων.

- Ορισμένες πολιτείες έχουν έρθει σε πιο προφανή αντίθεση με το νόμο του Πάρκινσον, εφαρμόζοντας μια πιο βίαιη πολιτική αισθητής μείωσης του αριθμού των κρατικών αξιωματούχων. Στη Γερμανία, τη δεκαετία του 1990, το κράτος διαχωρίστηκε από ορισμένους αξιωματούχους μετά την επανένωση της χώρας.

Οι πολιτικές αποκέντρωσης δημιούργησαν μια ψευδαίσθηση σημαντικών μειώσεων. Έτσι, σύμφωνα με τα στοιχεία του Ελεγκτικού Συνεδρίου, οι δημόσιοι υπάλληλοι παρέμειναν σταθεροί στις κρατικές δημόσιες υπηρεσίες μεταξύ 2000 και 2007, κάτι που αποτελεί πρωτιά για χώρες όπως η Γαλλία, η οποία είναι πολύ προσκολλημένη στη δημόσια παρέμβαση. Αλλά την ίδια στιγμή, ο αριθμός των υπαλλήλων των τοπικών συμβουλίων αυξήθηκε κατά 400 000, ως αποτέλεσμα των διαδοχικών μέτρων αποκέντρωσης που μετέφεραν νέες αρμοδιότητες στις τοπικές αρχές, συμπεριλαμβανομένου του τεχνικού προσωπικού που είναι υπεύθυνο για τα κολέγια (γενικά συμβούλια) και τα λύκεια (περιφερειακά συμβούλια). Συνεπώς, πρόκειται περισσότερο για μια επιχείρηση με νερό στο αυλάκι παρά για μια πραγματική πολιτική σταθεροποίησης των δημοσίων υπαλλήλων.

ΜΕΛΕΤΗ ΠΕΡΙΠΤΩΣΗΣ - Η ΒΕΛΓΙΚΗ ΔΗΜΟΣΙΑ ΥΠΗΡΕΣΙΑ

Το Βέλγιο αποτελεί ένα ενδιαφέρον παράδειγμα δημόσιας υπηρεσίας που βασίζεται σε ένα άκαμπτο καθεστώς, με σημαντικούς υπαλλήλους περίπου 840 000 ατόμων στο τέλος του 2013. Οι πρόσφατες μεταρρυθμίσεις επιχείρησαν να αντιστρέψουν την τάση σταθερής αύξησης των εγγραφών που περιγράφει ο Parkinson. Είναι ένας τρόπος αντίδρασης στην οικονομική κρίση, αλλά και ανάκαμψης από τη διάβρωση της εμπιστοσύνης μεταξύ της κυβέρνησης και των πολιτών. Ενώ έχουν καταβληθεί προσπάθειες από το ομοσπονδιακό κράτος, η προοδευτική ομοσπονδιοποίηση της χώρας οδήγησε τις περιφέρειες και τις κοινότητες να αναπτύξουν το προσωπικό τους για να αναλάβουν νέα καθήκοντα, με αποτέλεσμα ο αριθμός των δημοσίων υπαλλήλων να συνεχίσει να αυξάνεται.

Ο ΕΚΣΥΓΧΡΟΝΙΣΜΟΣ ΤΩΝ ΔΗΜΟΣΙΩΝ ΥΠΗΡΕΣΙΩΝ

Παραδοσιακά, η βελγική δημόσια διοίκηση χαρακτηριζόταν από χαμηλή κινητικότητα των υπαλλήλων, ένα σημαντικό σύστημα σταδιοδρομίας και κάποια ακαμψία, όπως πολλές ευρωπαϊκές δημόσιες υπηρεσίες. Από τη δεκαετία του 1990, το αυξανόμενο βάρος του δημόσιου χρέους, το οποίο κορυφώθηκε στο 137% του ΑΕΠ το 1993, οδήγησε τη χώρα να προσπαθήσει να εκσυγχρονίσει τις δημόσιες υπηρεσίες για να διατηρήσει το κόστος σε χαμηλά επίπεδα, βελτιώνοντας παράλληλα την αποτελεσματικότητα. Οι δημόσιες υπηρεσίες αντιπροσωπεύουν περίπου το 17% του βελγικού ΑΕΠ, ένα σχετικά χαμηλό ποσοστό, αλλά σε αυτό πρέπει να προστεθεί και το προσωπικό των νοσοκομείων, το οποίο δεν περιλαμβάνεται στη στατιστική βάση.

Σε ομοσπονδιακό επίπεδο, εισήχθησαν προγράμματα κατάρτισης στελεχών, κινητικότητα σταδιοδρομίας και υπευθυνότητα ηγεσίας για να αυξηθεί η αποτελεσματικότητα και να καταπολεμηθεί η υπερβολική αύξηση του χρόνου εργασίας και του αριθμού των δημόσιων υπαλλήλων, όπως περιγράφεται από τον Πάρκινσον. Οι περιφέρειες και οι κοινότητες εξέλιξαν επίσης τις μεθόδους τους. Στη Φλάνδρα, εισήχθησαν εξαετείς θητείες για τους ανώτερους υπαλλήλους. Η δημόσια διοίκηση αναδιοργανώθηκε σε τμήματα, με μεγάλες αναθέσεις σε διευθυντές. Στη Βαλλονία, πραγματοποιήθηκε αναδιοργάνωση και η περιφερειακή αρχή διαίρεσε περαιτέρω τις επιχειρησιακές λειτουργίες μεταξύ των διαφόρων υπηρεσιών.

◉ ΤΟ ΞΕΡΑΤΕ;

Η βελγική δημόσια διοίκηση χρησιμοποιεί συχνά συμβασιούχους, προσωρινά απασχολούμενους ή υπεργολάβους για την εκτέλεση συγκεκριμένων καθηκόντων, παρά το υψηλότερο κόστος τους, προκειμένου να μειώσει την ακαμψία της δημόσιας διοίκησης. Στην πραγματικότητα, οι συνεργάτες αυτοί είναι πιο ευέλικτοι επειδή δεν είναι διορισμένοι.

Για να γίνουν δημόσιοι υπάλληλοι, οι υποψήφιοι πρέπει να περάσουν μια σειρά εξετάσεων, ενώ για την επιλογή των ανώτερων υπαλλήλων, εκτός από αυτή την πρώτη επιλογή, οι υποψήφιοι πρέπει να συναντηθούν με ένα πειθαρχικό συμβούλιο που αποτελείται από ειδικούς στις δεξιότητες που απαιτούνται για τις κενές θέσεις, οι οποίοι είναι κατά κανόνα επαγγελματίες από τον δημόσιο και τον ιδιωτικό τομέα.

Η ΟΜΟΣΠΟΝΔΙΟΠΟΙΗΣΗ ΑΠΟΔΕΙΚΝΥΕΙ ΤΕΛΙΚΑ ΤΗ ΘΕΩΡΙΑ ΤΟΥ ΠΑΡΚΙΝΣΟΝ

Η ομοσπονδιακή κυβέρνηση έχει επίσης δεσμευτεί για μια πολιτική μείωσης του προσωπικού στις δημόσιες υπηρεσίες του Βελγίου. Στις δημοσιονομικές δεσμεύσεις της χώρας, λαμβάνονται μέτρα για την τήρηση του Ευρωπαϊκού Συμφώνου Σταθερότητας και Ανάπτυξης, που οδηγούν σε σημαντική εξοικονόμηση δαπανών προσωπικού που αναφέρονται για τα έτη 2010 έως 2014. Ξεπερνούν τα 300 εκατομμύρια ευρώ που αναφέρονται για το 2013 και το 2014.

Ταυτόχρονα, η χώρα αύξησε την ομοσπονδιοποίησή της, μεταφέροντας πολλές αρμοδιότητες στις τοπικές και περιφερειακές αρχές. Οι προσπάθειες για τον περιορισμό της δημόσιας απασχόλησης σε επίπεδο αποκεντρωμένης διοίκησης ανατράπηκαν από την άνοδο των δημόσιων υπηρεσιών στις περιφέρειες και τις κοινότητες. Η απασχόληση στον ομοσπονδιακό τομέα αυξήθηκε συγκρατημένα μεταξύ 2000 και 2010, κατά 4,5% συνολικά (πολύ μακριά από το 5-6% ετησίως που ανέμενε ο Πάρκινσον). Ωστόσο, κατά την ίδια περίοδο, αυξήθηκε κατά 20,5% στις κοινότητες και τις επαρχίες και κατά 22,7% στις περιφέρειες. Η απασχόληση στο δημόσιο τομέα σε όλα τα επίπεδα αυξήθηκε ταχύτερα από τη συνολική απασχόληση μεταξύ 2000 και 2010 (13,8% έναντι 9,2%). Η αβεβαιότητα της ιδιωτικής αγοράς είναι απωθητική για τους υποψηφίους που αναζητούν εργασιακή ασφάλεια, εξασφαλίζοντας σταθερότητα στην καριέρα τους και στα καθήκοντά τους.

Το παράδειγμα αυτό καταδεικνύει τις δυσκολίες που αντιμετωπίζουν οι χώρες όταν περιορίζουν τον αριθμό των δημοσίων υπαλλήλων. Η κληρονομιά της προηγούμενης νομοθεσίας που οι νέες διοικητικές πρακτικές δυσκολεύονται να αμβλύνουν, οι δικαιολογημένες προσδοκίες του πληθυσμού για τις δημόσιες υπηρεσίες και το κίνημα αποκέντρωσης ή ομοσπονδιοποίησης που είναι πολύ έντονο στο Βέλγιο, αλλά υπάρχει σε πολλές ευρωπαϊκές χώρες όπου το τοπικό επίπεδο έχει αξία, οδηγούν σε δύσκολο έλεγχο του προσωπικού - για να μην αναφέρουμε ότι αυτό το όπλο μπορεί να χρησιμοποιηθεί για την καταπολέμηση της ανεργίας. Σε μια εποχή όμως που οι δημόσιοι λογαριασμοί ελέγχονται στενά από την Ευρωπαϊκή Επιτροπή, το Ελεγκτικό Συνέδριο και τις χρηματοπιστωτικές αγορές και που η παγκοσμιοποίηση ασκεί πίεση προς τα κάτω στο επίπεδο των υποχρεωτικών φόρων δημιουργώντας ανταγωνισμό μεταξύ των φορολογικών συστημάτων των δυτικών χωρών, το θέμα αυτό εμφανίζεται στην πολιτική και οικονομική ατζέντα. Όλα τα κράτη προσπαθούν να περιορίσουν τις προβλέψεις του Πάρκινσον, με σχετική επιτυχία.

ΠΕΡΙΛΗΨΗ

- Ο νόμος του Πάρκινσον προβλέπει μια ανάλογη ετήσια αύξηση του αριθμού των δημοσίων υπαλλήλων μεταξύ 5,17% και 6,56%, ανεξάρτητα από το φόρτο εργασίας.

- Ο Cyril Northcote Parkinson βασίζει τη συλλογιστική του σε τρεις υποθέσεις:

  - ένας κρατικός υπάλληλος θα χρησιμοποιήσει όλο τον διαθέσιμο χρόνο για να ολοκληρώσει την εργασία του,

  - θα προτιμά πάντα να έχει υφισταμένους παρά συνεργάτες, με βάση τη λογική της επαγγελματικής ανέλιξης,

  - οι δημόσιοι υπάλληλοι δημιουργούν δουλειά ο ένας για τον άλλον.

- Ο νόμος του Πάρκινσον είναι άκρως σατιρικός, αλλά συμφωνεί με πιο επιστημονικές θεωρίες για τη γραφειοκρατία.

- Εφιστά την προσοχή του αναγνώστη σε μια σημαντική οικονομική πρόκληση, αλλά φαίνεται να παραμελεί εντελώς την πτυχή της διαχείρισης των ανθρώπινων πόρων και της αποτελεσματικότητας.

- Σήμερα, οι δημόσιες υπηρεσίες καταβάλλουν σημαντικές προσπάθειες, ιδίως όσον αφορά τους ανθρώπινους πόρους, για να καταπολεμήσουν τη φυσική τους τάση για ανάπτυξη, προκειμένου να ελέγξουν τα δημόσια οικονομικά και την ποιότητα των υπηρεσιών που παρέχονται στον πληθυσμό.

ΠΕΡΑΙΤΕΡΩ ΑΝΑΓΝΩΣΗ

ΒΙΒΛΙΟΓΡΑΦΙΑ

Demonty, B. (2013) Record de fonctionnaires en Belgique. *Le Soir*. [Online]. [Πρόσβαση 7 Ιουλίου 2014]. Διαθέσιμο από: < http://www.lesoir.be/160948/article/actualite/belgique/2013-01-14/record-fonctionnaires-en-belgique>

ΟΟΣΑ. (2005) *Εκσυγχρονισμός της κυβέρνησης: Ο δρόμος προς τα εμπρός.* [Online]. [Πρόσβαση 7 Ιουλίου 2014]. Διαθέσιμο από: < http://www.oecd-ilibrary.org/governance/modernising-government_9789264010505-en>

ΟΟΣΑ. (2007) *Examen de l'OCDE sur la gestion des ressources humaines dans la fonction publique : Belgique.* [Online]. [Πρόσβαση 7 Ιουλίου 2014]. Διαθέσιμο από: < http://www.oecd.org/fr/gouvernance/emploi-public/39375860.pdf>

ΟΟΣΑ. (2011) *Preésentation de l'Étude économique sur la Belgique 2011 : Trois enjeux stratégiques pour la Belgique.* [Online]. [Πρόσβαση 7 Ιουλίου 2014]. Διαθέσιμο από: < http://www.oecd.org/fr/belgique/etudeeconomiquedelabelgique2011.htm>

Parkinson, C. N. (1983) *Νόμοι του Parkinson.* Παρίσι: Robert Laffont.

Θέλουμε να σας ακούσουμε!
Αφήστε ένα σχόλιο για την ηλεκτρονική σας βιβλιοθήκη
και μοιραστείτε τα αγαπημένα σας βιβλία στα μέσα κοινωνικής δικτύωσης!

Ο εκδότης διασφαλίζει την αξιοπιστία των πληροφοριών που δημοσιεύονται, η οποία όμως δεν μπορεί να αποτελέσει ευθύνη του.

Κύριο ISBN: 9782808600309
ISBN: 9782808601757
Νόμιμη κατάθεση: D/2022/12603/176

Ψηφιακός σχεδιασμός: Primento,
ο ψηφιακός συνεργάτης των εκδοτών.